Die Hühner
Chroniken

Nikolai Warnke

Die Hühner Chroniken

Bericht eines Landbaupraktikums

Bibliografische Information der Deutschen Nationalbibliothek
Die Deutsche Nationalbibliothek verzeichnet diese Publikation in der
Deutschen Nationalbibliografie, detaillierte bibliografische Daten sind im
Internet über http://dnb.de abrufbar.

©2014 Nikolai Warnke
Herstellung und Verlag
BoD – Books on Demand, Norderstedt

ISBN: 978-3-7386-0449-8

Für das Huhn in Dir...

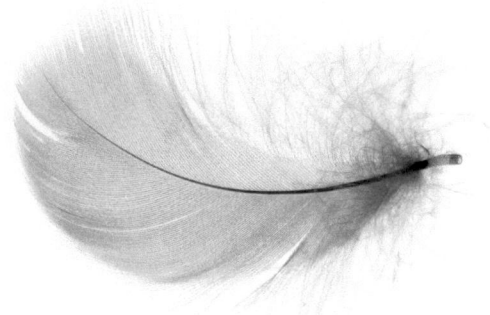

Die Ankunft

20.45 Uhr.

Mit einer halben Stunde Verspätung rollt unser Zug im Bahnhof ein. Bramsche steht auf dem Schild. Der Bahnhof ist menschenleer. Ganz am Ende steht ein Huhn und winkt.

Zögerlich setzen wir uns in Bewegung.

Je näher wir dem Huhn kommen, desto klarer wird uns, dass es tatsächlich uns meint. Als wir noch einige Meter von ihm entfernt sind, fragt es: »Praktikanten?«

Wir nicken stumm. Das Huhn verdreht die Augen und bedeutet uns mit einem Flügelschlag, ihm zu folgen.

Auf dem Vorplatz wartet ein Mann. Er lehnt an einem kleinen alten Ford. Das Huhn hüpft auf den Vordersitz. Wir falten uns und unsere langen Beine samt Gepäck auf den Rücksitz.

»Ich heiße Jürgen. Aber nennt mich Gnomi. Willkommen am Ende der Welt«, sagt der Mann und lacht.

Hier am Ende der Welt werden Sammy und ich auf dem CSA Bauernhof Pente unser dreiwöchiges Landbaupraktikum absolvieren.

Während wir an Wiesen und Feldern vorbeifahren, erzählt uns das Huhn die Geschichte vom Hof.

Der Hof Hartkemeyer liegt am letzten Ausläufer des Wiehengebirges. Westlich des Hofes liegt die B68. Sie bildet die Hauptachse des Verkehrs zwischen dem Ruhrgebiet, Münster, Osnabrück, Oldenburg, Bremen...Skandinavien.

Die Geschichte des Hofes reicht viele Generationen zurück. Ein eingemauerter Balken trägt sogar die Jahreszahl 1565. In den letzten Jahrhunderten starb dreimal die männliche Linie der Hartkemeyers aus. Da aber früher der Hofname entscheidend für die Zugehörigkeit der Menschen war, nahmen jeweils die eingeheirateten Männer den Namen ihrer Frau und damit des Hofes an.

Nach dem 2. Weltkrieg fand ein einschneidender Umbruch in der Landwirtschaft statt. Durch die Industrialisierung der Landwirtschaft wurden die Preise für Nahrungsmittel permanent gesenkt. Eine massive Entwertung der landwirtschaftlichen Erzeugnisse war die Folge.

»Das hat sich bis heute nicht geändert«, schimpft das Huhn.

»Täglich sterben in Deutschland mehr als 50 landwirtschaftliche Betriebe.« Traurig schüttelt das Huhn den Kopf. Dann erzählt es von der technischen Revolution in den 50er Jahren.

Bis 1958 wurde die Landwirtschaft auf Hof Hartkemeyer, wie seit vielen Jahrhunderten, mit Pferdekraft betrieben.

»Also 100% regenerative Energie«, schwärmt das Huhn.

1959 wurde dann der erste Traktor beschafft.

»Motorenlärm, Abgase, Ölverbrauch. Da war sie futsch die ökologische Idylle.« Der Kamm des Huhnes bekommt vor Aufregung eine tiefrote Farbe.

Aber die Arbeit wurde leichter. Statt tagelangem Fußmarsch hinter pferdegezogenen Maschinen saß man nun auf dem Schlepper. Die Rationalisierung und Spezialisierung nahm wegen des Preisverfalls stärker zu. Die Kuhhaltung musste in den 60er Jahren aufgegeben werden. Statt 50 Hühnern wurden etwa 2500 Hühner mit Auslauf gehalten. Aber das war aufgrund der nahen Südoldenburger Massentierhaltung bald keine konkurrenzfähige Größe mehr.

Mit beiden Flügeln fasst sich das Huhn an den eigenen Hals. »Entschuldigt bitte, aber ich bekomme bei dem Wort Massentierhaltung immer so einen Würgereiz. Meint Ihr nicht auch, es wäre an der Zeit sich mit den Brüdern und Schwestern in den Legebatterien zu verbünden und eine Revolution anzuzetteln? Freiheit für das Federvieh!«, ruft das Huhn.

»Ich verstehe, was Du meinst«, sage ich. »Aber die Zeit lässt sich ja nicht mal so eben zurückdrehen.«

»Es soll ja auch nicht so werden wie früher, sondern besser«, sagt das Huhn und sieht uns verschwörerisch an. Dann fährt es fort. Etwa 300 Mastschweine bildeten das ökonomische Rückgrat des Hofes, bis diese in den 90er Jahren ebenfalls aufgegeben werden mussten. Brotgetreide blieb der Anbauschwerpunkt. 1988 stellt der 56ha Betrieb auf Bioland um und seit 2008 arbeitet er auch nach Demeter Richtlinien. 5ha sind Gartenbaufläche. Dort, und in 3 Folientunneln werden an die hundert Gemüsesorten in einer zwölfteiligen Fruchtfolge angebaut. 31 ha sind immer noch

Getreideanbau. Zu den Hauptfrüchten zählen vor allem Roggen, Lichtkornroggen, Dinkel, Weizen, Buchweizen und Kleegras. Auf den 8 ha Weideland werden Fleischrinder, Schafe, 50 Schweine und 260 Hühner gehalten. Der Rest besteht aus 10 ha Waldbau. Es gibt auch Streuobstwiesen und Bienenhaltung.

Im Mai 2011 stellen die Hartkemeyers auf das CSA Konzept um und ändern auch den Namen. CSA Hof Pente heißt er nun. Neben den drei Hoffamilien samt Kindern gibt es noch zwei Gesellen, eine Hilfskraft und drei Lehrlinge.

»Und dann kommen alle paar Wochen noch solche wie Ihr«, sagt das Huhn verächtlich. Es macht keinen Hehl daraus, dass bei ihm Praktikanten ganz am Ende der Hierarchie stehen.

Vor einem riesigen Gutshaus kommt das Auto schließlich zum Stehen. Während wir noch staunend vor dem wunderschönen Gebäude stehen, sagt das Huhn: »Also, laut EU-Norm steht jedem Praktikanten bis 50kg Lebendgewicht eine Box von 0,75 qm zu. Ab 50kg ist es dann 1qm.«

Dabei zeigt es auf einen grünen Bauwagen, der für die nächsten drei Wochen unser Zuhause sein wird. Wir öffnen die Tür. Passgenau sind hier vier Schlafplätze in Form von Stockbetten eingebaut. »Wie Ihr seht, wurde die Norm hier großzügig erfüllt«, sagt das Huhn. »Morgen 6.30 Uhr Antritt auf dem Hofplatz. Und dass Ihr mir ja nicht verschlaft.« Mit diesen Worten lässt es uns alleine. Nach einem gescheiterten Versuch, unsere Sachen in dem winzigen vorhandenen Regal unterzubringen, geben wir auf und belassen den Großteil einfach im Rucksack.

Nach einem kurzen Rundgang über das verwinkelte Hofgelände begeben wir uns schlafen.Mit meinen 180cm passe ich dann doch nicht ganz in das Bett. Aber was soll´s.

1. Tag

5.30 Uhr. Zeitgleich beginnen unsere I-Pods zu spielen. Während bei Sammy Culture Candela sein Lied „Hammer" zum Besten gibt, ertönt aus meiner Box „War of the Gods" von Amon Amarth. Wir schrecken aus dem zu kurzen Schlaf auf, und ich stoße mir an der Bauwagendecke den Kopf. Innerlich fluchend über diese ungerechte EU-Norm machen wir uns fertig für unseren ersten Arbeitstag. Draußen dämmert es. Weit und breit ist niemand zu sehen.

Da kommt Julia Hartkemeyer, die Betriebsleiterin auf uns zu.

»Ihr seid aber schon früh auf«, staunt sie. »Wir treffen uns eigentlich immer erst um 7.30 Uhr zum Morgenkreis, aber pflückt Euch doch schon mal ein paar Erdbeeren.«

Während wir uns verschlafen mit zwei Schüsseln in den Händen durch eine Brombeerhecke schlagen, um zu dem kleinen Erdbeerfeld zu gelangen, suche ich mit finsteren Absichten die Umgebung nach dem Huhn ab. Dies lässt sich wohlweislich nicht blicken und schläft wahrscheinlich noch tief und fest.

Um 7.30 Uhr versammeln sich alle Mitarbeiter auf dem Hofplatz, und der Betriebsleiter Tobias Hartkemeyer leitet die morgendliche Eurythmiestunde an.

Ich mühe mich ab, die einzelnen Bewegungsabläufe auf die Reihe zu bekommen, da entdecke ich hinten am Hofplatz auf einem Ast im Baum das Huhn. Es zwinkert mir zu, während es übertrieben die einzelnen Formen tanzt.

Nach einem gemeinsamen Frühstück geht es zum Gärtnerhäuschen, wo wir mit Werkzeug ausgestattet werden. Unsere erste Aufgabe für heute lautet, jäten in den Folientunneln. Ich soll das Basilikum schuffeln. Als ich die erste Reihe fertig habe, kommt das Huhn und zupft hinter mir Basilikum heraus. Es gackert und sagt: »Du hattest da was vergessen.«

Noch bevor ich mich aufregen kann, ist es aus dem Tunnel geflitzt. Im selben Augenblick kommt Bastie, unser Anleiter. Er kann es nicht fassen, dass ich das Basilikum mit ausgerissen habe. Erklärungsversuche meinerseits schlagen fehl, ich muss nun Gurken hochbinden, und Gurken hochbinden ist NICHT lustig. Die Pflanzen sind mit vielen kleinen fiesen Stacheln übersät und pieken mir in die Arme. Das ganze Ausmaß bekomme ich erst zu spüren, als ich mir vor der Mittagspause die Arme mit Wasser abspüle. Jetzt beginnt es erst richtig zu jucken.

Die Mittagspause wird mit einem Waldi-Gedicht eingeleitet. Dann gibt es Fenchelauflauf. Dass ich Fenchel nach meinem Praktikum nicht mehr sehen kann, ahne ich zu dieser Zeit noch nicht.

Mit dem Schlepper geht es dann auf ein Feld, das zu 90% aus Disteln und zu 10% aus Kartoffeln besteht. Unsere Aufgabe lautet, die 10% Kartoffeln freizulegen.

Nach einer schweißtreibenden Stunde zuckelt auf dem Nachbarfeld ein Traktor heran. Auf dem Traktor sitzt ein kleiner dicker Junge mit Badelatschen an den Füßen, schwarzen Shorts und einem Polohemd, dessen blau-weiße Streifen sich über seinem Wanst beängstigend dehnen. Kleine dunkle Kulleraugen gucken böswillig unter seinen fettigen Haaren hervor. Auf unserer Höhe angekommen bemerken wir, dass er Pestizide versprüht. Der Wind steht in unsere Richtung. Eine dicke Pestizidwolke trifft uns. Ich schmecke einen giftigen, salzigen Geschmack auf den Lippen. Fluchtartig verlassen wir das Feld.

Bastie erklärt, dass wir stattdessen nun in den Frühlingszwiebeln jäten sollen. Als schließlich um 17.00 Uhr Feierabend ist, kommt das Huhn um die Ecke und sagt: »Hab gehört, Ihr seid heute Mittag gespritzt worden.«

»Ja, aber ordentlich. Meinst Du wir sollten besser zu einem Arzt gehen?«, frage ich besorgt.

Das Huhn macht eine abwinkende Bewegung mit dem Flügel.

»Beruhigt Euch Jungs. Ihr müsst das positiv sehen. So setzt Ihr kein Moos an, wenn Ihr im Regen auf dem Acker arbeitet.«

Es gluckst vor sich hin.

Dann wird es wieder ernst und sagt: »Leider sind wir umgeben von konventioneller Nachbarschaft. Als Hartkemeyers damals festgestellt haben, dass das 2-4-5 T Herbizid, das sie auf Rat der landwirtschaftlichen Presse und aufgrund offizieller Beratung eingesetzt haben, vom US-Militär im Vietnamkrieg als Agent Orange zur Entlaubung ganzer Wälder und Landstriche verwendet worden ist, haben sie umgedacht und den Betrieb auf ökologischen Anbau umgestellt. Leider sind sie hier im Umkreis die Einzigen.« Dann beginnt es wieder zu grinsen. »Also Jungs, wascht Euch die Hände, bevor Ihr das Gemüse anfasst. Es wäre nicht schön, wenn wir unser Demeter Siegel wegen Herbizidrückständen am Gemüse verlieren würden.«

Während Sammy und ich uns noch verdutzt anschauen, läuft das Huhn weiter und scharrt im Boden nach Würmern.

Nach einem anstrengenden Tag begeben wir uns zu Bett. Ich stelle fest, dass die angebliche EU-Norm für Praktikanten definitiv zu gering bemessen ist und ich wieder mit angezogenen Beinen schlafen muss. EU-Norm für Praktikanten..., so ein Quatsch, denke ich und schlafe ein.

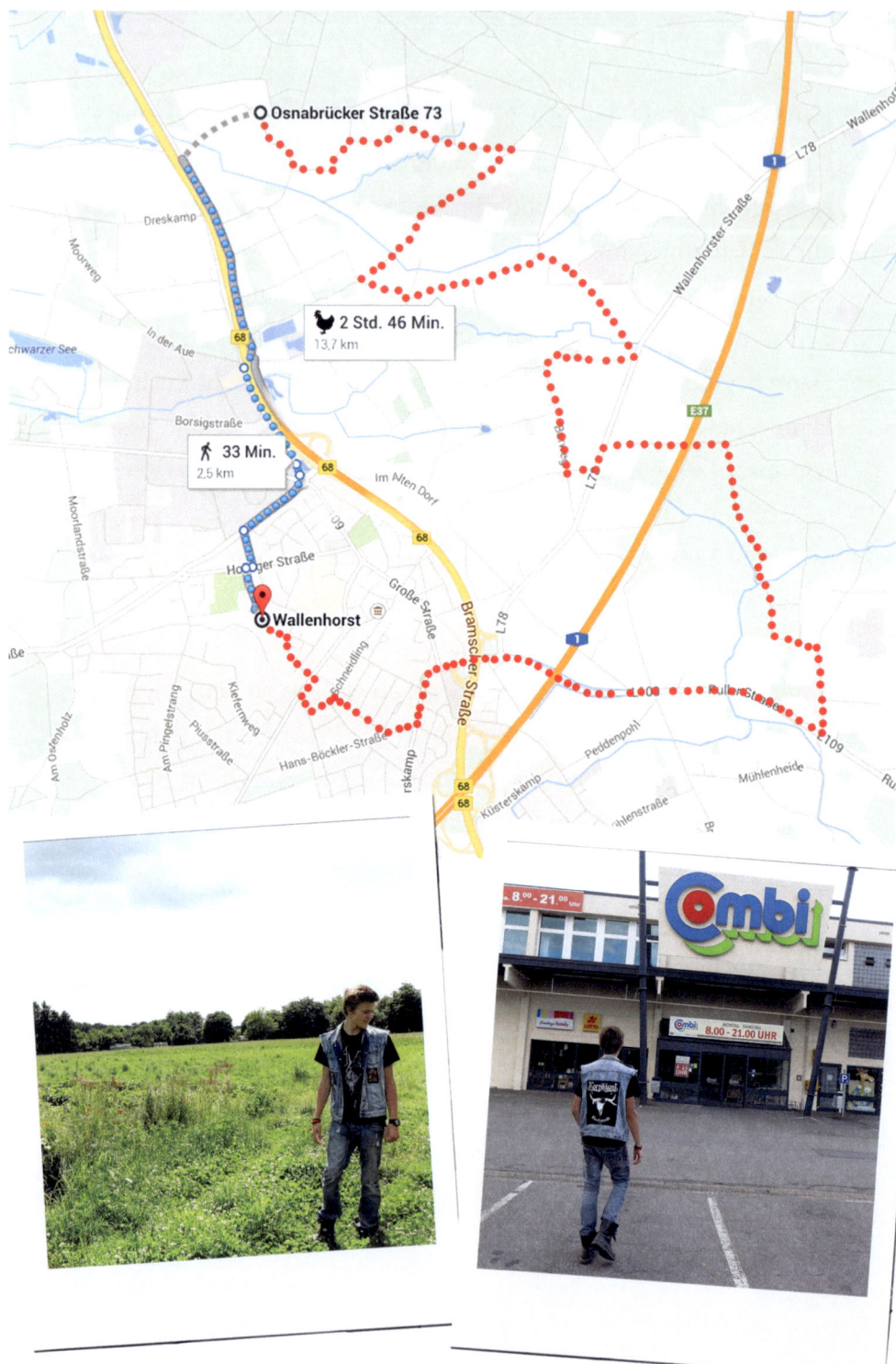

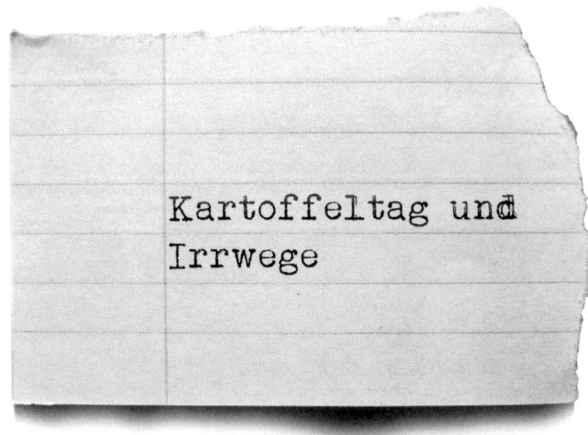

Kartoffeltag und Irrwege

Heute dürfen wir wieder in die Kartoffeln gehen. Zur Mittagspause gegen 12.30 Uhr bekommen wir das Distelproblem dann einigermaßen in den Griff.

Aber auch am Nachmittag beschäftigen wir uns mit Kartoffeln. Die alten, bereits gekeimten Lagerkartoffeln müssen von uns aus ihrem komprimierten Zustand in den Kisten per Hand gelöst werden. Dann geht es ab in eine große Rüttelmaschine. Trotzdem müssen wir danach noch einmal fast alle Kartoffeln von Hand reinigen, da die Keime einfach schon zu lang sind. Es ist schon sehr gewöhnungsbedürftig, diese schrumpeligen Kartoffeln, die kaum noch als solche zu erkennen sind, anzufassen.

Am Abend erklärt uns das Huhn den gefühlten 100km weiten Weg zum überteuerten Combi Supermarkt.

»Also Jungs, das ist eigentlich ganz einfach. Ihr geht die Einfahrt runter, dann links die Straße bis zum Ende entlang, über die Straße rüber, unter der Brücke durch, dann rechts abbiegen, nein, besser halbrechts den Hügel hinauf. Dann etwas mehr als einen Kilometer geradeaus, bis auf der linken Seite ein großer Stein zu sehen ist. Dann könnt ihr auf der gegenüberliegenden Seite des Steines nach rechts, oder auch etwa hundert Meter nach dem Stein auf der linken Seite nach rechts wechseln und wieder den Hügel hinunter. Nach zehn Minuten ungefähr seht Ihr dann auf der rechten Seite…«

»Ist ja wirklich ganz einfach«, sage ich.

Wir ziehen also los, um Getränke zu kaufen. Als wir mit zwei Packs Wasser und einem 12er Pack Mezzomix aus dem Laden kommen, setzen wir uns kurz auf eine Bank, um Kraft für den langen Rückweg zu sammeln.

Ich stelle das Pack Mezzomix neben mich auf den Boden und schließe kurz die Augen. Ein Rascheln lässt mich aufschrecken. Im Augenwinkel nehme ich noch einen Schatten wahr. Grübelnd stehe ich auf und wir machen uns auf den Rückweg. Plötzlich gibt die Pappe der Verpackung nach und zwölf Flaschen Mezzomix kullern über den Feldweg. Sammy und ich versuchen, einige der Flaschen in die Taschen unserer Hosen zu stecken, um überhaupt alle mitzubekommen. Den Rest klemmen wir uns abenteuerlich unter die Arme. Schnell voran kommen wir so allerdings nicht, da wir beide keinen Gürtel tragen, müssen wir alle paar Meter stehen bleiben, um uns die Hosen wieder hochzuziehen, damit sie uns nicht gänzlich über die Knie rutschen. Immer wieder meine ich ein leises Gackern zu hören, oder eine Bewegung im hohen Gras wahrzunehmen. Ich komme ins Grübeln. Die kaputte Verpackung machte auf mich einen ziemlich „angepickten" Eindruck…

Unwillkürlich muss ich an das Huhn denken, als wir den Weg fortsetzen.

Wieder am Hof angekommen erfahren wir, dass es einen wesentlich kürzeren Weg nach Wallenhorst und damit zum Supermarkt gibt. Das Huhn ist wie vom Erdboden verschluckt.
Erschöpft genießen wir dann noch eine der schwer erkämpften Mezzomix und gehen in unsere zu kurzen Betten.

3. Tag

Für heute bekomme ich die Aufgabe, eine Abtrennwand in einem Folientunnel zu ziehen. Für den Bau soll ich mir etwas einfallen lassen. Wichtig ist, dass die Tomaten nicht nass werden, wenn die Gurken im selben Tunnel beregnet werden. Ich baue eine Konstruktion aus Dachlatten, was nicht einfach ist, da die Tomaten und die Gurken bereits gepflanzt sind und mir nur wenig Platz bleibt, um die großen Planenstücke an die Konstruktion zu tackern. Das Huhn wirft mir einen abschätzenden Blick zu und sagt: »Schau an, schau an, der Praktikant hat keine zwei linken Hände. Aber ich finde, Du hättest statt der Plastikfolie auf ökologisch vertretbares Material zurückgreifen können. Hanffaser oder so…«
»Wie soll das denn das Wasser zurückhalten?« frage ich. »Außerdem kommt da ja kein Licht durch«, führe ich weiter aus.
»Hüte deine Zunge, Praktikant«, sagte das Huhn. »Widerworte wirken sich schlecht auf Deine Beurteilung aus.«
Bastie kann es nicht fassen, als ich am Nachmittag verkünde, dass die Wand fertig ist. Da er damit gerechnet hat, dass ich für diese

Arbeit die ganze Woche benötige, bekomme ich den Rest des Tages frei. Er ist sehr zufrieden mit mir und der Folienwand.

Ich schlendere über den Hof und komme an einen seltsamen Stein. Während ich interessiert die Form betrachte, höre ich das Huhn sagen: »Das ist ein Oloith. Eine faszinierende Form. Das Prinzip dahinter ist allerdings einem Praktikanten kaum verständlich zu machen.« »Versuch´s doch mal«, fordere ich das Huhn heraus. »Der Oloith ist ein umgestülpter Würfel und damit eine zeitliche Form. Das Ding lässt sich ganz einfach bewegen.«

Ich gucke überrascht, als das Huhn gegen den bestimmt mehrere hundert Kilo schweren Stein tritt, und dieser erstaunlich schnell auf mich zurollt. Ich kann gerade noch meine Füße retten. Das Huhn erklärt ungerührt weiter: »Man kann den Stein auch ganz einfach drehen.« Dabei tritt das Huhn erneut gegen den Stein, doch dieses Mal halte ich ihn fest und lasse ihn auf das Huhn zu-rollen, das erschrocken zur Seite springt und abdampft.

PRÄPARATETURM

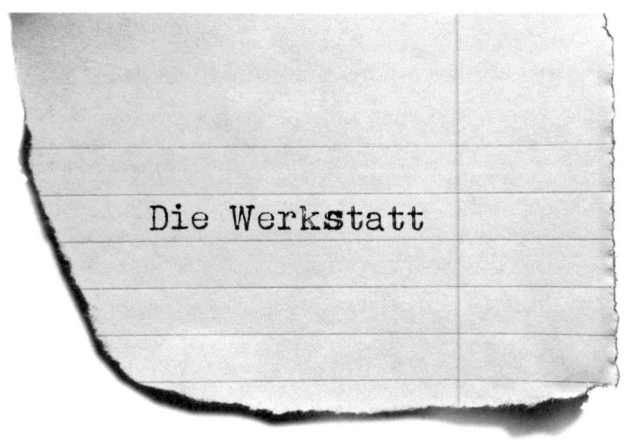

Die Werkstatt

Am nächsten Morgen zeigt mir das Huhn die Werkstatt. Ein ungefähr vier Meter hohes Gebäude, in dem es wirklich alles gibt, was man braucht und jede Menge, was man vielleicht nochmal brauchen könnte.

Das Huhn hüpft vor und zeigt stolz auf einen seltsamen Kasten, auf dem eine Messingkuppel steht.

»Dies ist die neue Spitze für unseren Präparateturm«, ruft es feierlich. »In Zeiten zunehmender Kommerzialisierung biologisch angebauter Produkte stellt sich dem Verbraucher die Frage, wie viel Bio er für sein Geld eigentlich erhält, und Demeter steht für gesunde, naturbelassene Lebensmittel in bester Qualität, die im Einklang mit Mensch und Natur entstanden sind.«

Liebevoll streichelt es über die Rundungen, die mich an einen Zwiebelturm erinnern.

»Was hat es eigentlich auf sich mit diesen komischen Präparaten?«, frage ich.

Das Huhn bekommt leuchtende Augen und führt mich nach

draußen zu einem schlanken Gebäude. Über der Tür steht „Präparateturm". Wichtigtuerisch baut es sich neben der Eingangstür auf, verschränkt die Schwungfedern beider Flügel und holt tief Luft.

»Die biologisch-dynamischen Präparate sind Naturmittel, die in geringsten Dosen eingesetzt werden, um das Bodenleben, das Wachstum und die Qualität der Pflanzen sowie die Tiergesundheit zu fördern. Die Präparate sind ein nicht ersetzbares Merkmal der Biologisch-Dynamischen Wirtschaftsweise.«

Während seiner Ausführungen stolziert es mit herausgestreckter Brust vor mir auf und ab und hebt immer wieder lehrmeisterlich die Fingerfeder seines Flügels.

»Sie sind ein wesentliches Hilfsmittel, um Produkte in Demeter-Qualität zu erzeugen. Ihre Anwendung wird in den Demeter-Richtlinien verbindlich vorgeschrieben. Es gibt verschiedene Präparatearten für bestimmte Anwendungsgebiete: Feld- oder Spritzpräparate aus Hornkiesel und Hornmist, Düngerzusatzpräparate, z.B. Schafgarben-, Kamillen-, Brennnessel-, Eichenrinde-, Löwenzahn- und Baldrianpräparat, Spezialpräparate wie Schachtelhalm-Abkochung und die Aschenpräparate zur Unkraut- und Schädlingskontrolle. Äh nein, streich die Schädlingskontrolle wieder weg, das machen wir Hühner viel besser. Du machst Dir doch Notizen, oder?«

»Klar«, sage ich. »Im Kopf.«

»In Versuchsreihen wurde bewiesen, dass der Humusgehalt bei biodynamischer Wirtschaftsweise signifikant ansteigt, und die

Wirksamkeit des Fladenpräparates bei der Vorbeugung von radioaktiven Belastungen wurde sogar wissenschaftlich bestätigt. Ist das nicht faszinierend?«, freut sich das Huhn.

»Und es gibt noch mehr Beispiele für eine bessere Produktqualität durch die Präparate. Geringere Lagerungsverluste, reduzierte Nitratgehalte, höhere Zucker- und Vitamingehalte…«

»Ok«, sage ich, »das habe ich jetzt verstanden. Aber was macht Dich denn eigentlich zu einem Demeter Huhn?«

»Na, das ich Eurythmie tanzen kann«, antwortet das Huhn spontan, und noch während es den Satz zu Ende spricht, beginnt es einen Formenlauf. Strahlend bleibt es vor mir stehen.

»Und, wie heiße ich?« fragt es mich herausfordernd.

»Gerda«, antworte ich prompt.

Das Huhn wackelt anerkennend mit dem Kopf. Ich denke dankbar an meinen Eurythmielehrer Herrn Kuhnt. Da soll noch mal einer sagen, Eurythmie wäre nicht zu gebrauchen.

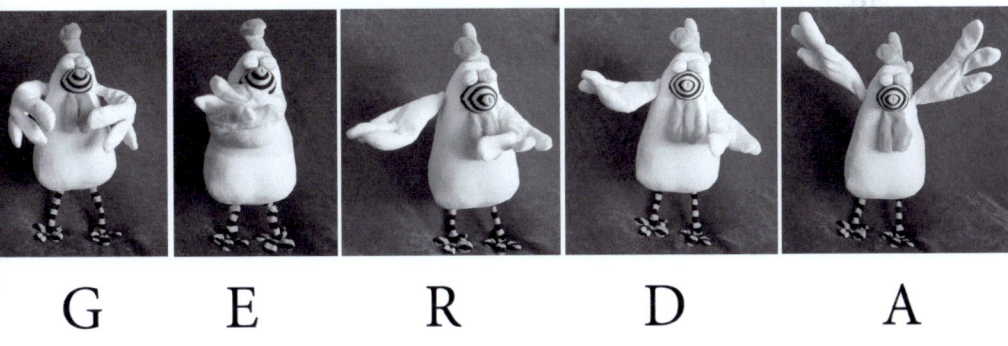

G E R D A

Gerade als ich dem Huhn folgen will, kommt Amanda, ein Mitarbeiter und erklärt, dass ich in der Werkstatt die unter der Decke verlaufenden Drahtkästen mit Kabelbinder sichern soll. Er drückt mir eine Leiter und die Kabelbinder in die Hand. Da an der Wand unter den Drahtkästen ein langes Regal steht, ist das Anlegen der Leiter unmöglich. Also klettere ich mit Schlagbohrer und der Tüte Kabelbinder bewaffnet auf das Regal. Das Huhn reicht mir die Kabelbinder, während ich auf dem alten, vollkommen zuge-müllten Regal stehe und versuche, mein Gleichgewicht zu halten. Das Huhn scheint meine schwierige Situation gar nicht zu bemer-ken, jedenfalls tut es so, denn es redet ohne Unterlass belangloses Zeug. Mir wird ganz bange. Ich steige über mehrere alte Motoren hinweg und trete fast in eine Säge.

»Pass doch auf, Du hättest fast die Säge runtergeworfen«, ruft das Huhn.

Ich taumle weiter und schaffe es schließlich, alles zu befestigen. Ich setze mich erschöpft auf das obere Regalbrett und lasse mei-nen Blick durch die Werkstatt schweifen.

Hier schlägt wirklich jedes Bastlerherz höher.

5. Tag

Heute wird Salat geerntet. Fünfzehn lange Reihen habe ich bis zum Mittagessen geschafft. Ausgehungert mache ich mich auf zur Küche. Es gibt Fenchel-Sellerie-Eintopf. Langsam hängt mir der Fenchel zu den Ohren raus und außerdem habe ich dringenden Fleischverzehrbedarf. Aber auf dem Hof werden alle Produkte, die selber hergestellt werden, nur dann gegessen, wenn sie verfügbar sind. Und geschlachtet wird nun mal erst wieder im Herbst. Also mache ich mich dran, den geernteten Salat zu reinigen. Die Düse auf dem Schlauch ist kaputt, und so spritzt mir das meiste Wasser um die Ohren. Als mir dann auch noch beim Herausheben des tropfnassen Salates aus der viel zu hoch angebrachten Kiste das Wasser in die Ärmel fließt, ist mein gesamtes T-Shirt durchnässt. Nachdem der Salat und ich gewaschen sind, geht es weiter in die Folientunnel zum Gurkenbewässern. Hier stelle ich fest, dass ein Überdruckventil kaputt ist. Als handwerklich geschickter Praktikant mache ich mich daran, es auszutauschen. Im selben Augenblick dreht das Huhn den Hahn auf. Jetzt bin ich endgültig nass. Ich stürze mich auf das Huhn, das vergeblich versucht, vor mir zu fliehen. Unter meinen Arm geklemmt, versucht es mich zu beschwichtigen. »Komm schon, das war doch nur ein kleiner Scherz!« Als ich nicht reagiere, versucht es anders aus der Nummer rauszukommen. »Wenn Du mich runterlässt, organisiere ich dir ein halbes Hähnchen«, schlägt es vor.

Ich halte bei der Kartoffel Rüttelmaschine und stelle diese an.

»Nein!«, kreischt das Huhn, »ich bin zu jung zum Sterben… hey, Du verstößt gegen die Hühnerrechte.«

Das Huhn zappelt panisch, aber gegen mich hat es keine Chance. Schon stecke ich es kopfüber in die Maschine und schaue zu, wie es ordentlich durchgerüttelt wird. Leicht gerupft torkelt das Huhn aus der Maschine und zieht schmollend von dannen.

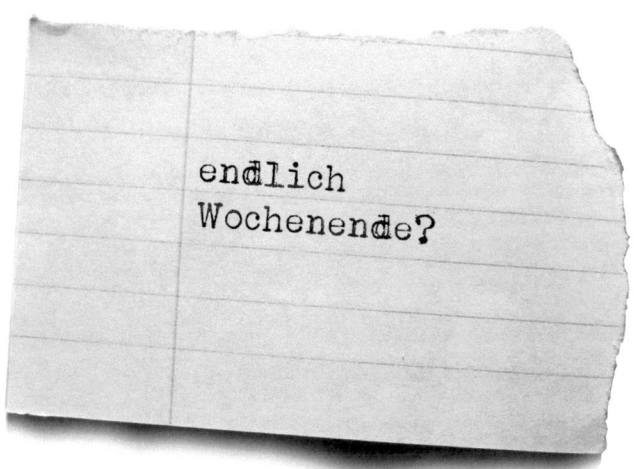

endlich
Wochenende?

Das Wochenende bekommen wir frei. So richtig wissen wir mit unserer Zeit nichts anzufangen. Beim Durchwühlen meiner Sachen stoße ich auf den völlig zerknüllten Aufgabenzettel für das Landbaupraktikum. Ich überfliege ihn und lese Sammy die dritte Aufgabe laut vor: »Für ein Produkt den Verkaufspreis nennen, die genauen Arbeitsvorgänge beschreiben, Arbeitszeit und Stundenlohn berechnen. Wie sollen wir das denn machen? Hier auf dem Hof ist schließlich alles anders.«

Im selben Augenblick steckt das Huhn, das wieder mal gelauscht hat, seinen Kopf zur Tür herein. »Das ist doch ganz einfach«, sagt es. »Also Du schreibst folgendes: Der CSA Hof Pente betreibt eine ganz besondere Form der Landwirtschaft. CSA steht für Community supported agriculture und bedeutet: Gemeinschaftsgetragene Landbaukultur und wird auch als Solidarische Landwirtschaft bezeichnet. Bei diesem Konzept werden die Lebensmittel der Landwirtschaft nicht mehr über den Markt vertrieben, sondern fließen in einen eigenen, von Teilnehmerseite mit organisierten und finanzierten, durchschaubaren Wirtschaftskreislauf. Es soll allen Teilnehmern ersichtlich werden, wohin ihr Geld fließt und welche Kosten anfallen. Alle Vermarktungskosten fallen weg. Die Gemeinschaft ist es, die die geernteten Produkte und selbst erzeugten Lebensmittel erhält. Auf Basis dieser neuen Idee der kulturellen Landwirtschaft ist es den Landwirten möglich, ein ganz besonders vielfältiges Lebensmittelangebot bereitzustellen.«

»Äh, das kommt mir jetzt aber verdammt bekannt vor«, sage ich. »Den Text habe ich doch auf der Website vom Hof schon gelesen.«

»Na und?«, sagt das Huhn. »Ist doch ein Super-Text. Man muss ja nicht immer alles neu erfinden.«

Wo es Recht hat, hat es Recht, denke ich und fange an zu schreiben: CSA bedeutet, dass die Teilnehmer erleben können, wie ihre Ernährungsentscheidung die Kulturlandschaft gestaltet und Artenvielfalt ermöglicht. Zur Reduktion des Verkehrsaufkommens bilden die Teilnehmer Fahrgemeinschaften beim wöchentlichen Abholen der Lebensmittel. Für die Teilnehmer gibt es Möglichkeiten, das Hofleben und die Arbeit mit Pflanzen und Tieren kennen zu lernen und an den Mitmachtagen auch praktisch anzufassen. Dadurch entsteht eine sinnvolle Transparenz für alle Beteiligten. Der Hof ist nicht wachstumsorientiert, sondern will und kann nur so viele Mitglieder haben, wie der Hof ernähren kann. Der CSA Hof Pente kann langfristig ca. 300 Menschen, bzw. 80 bis 150 Familien, ernähren.

Ich lege meinen Stift zu Seite. »Und welches Produkt nehme ich, um die Arbeitsvorgänge zu beschreiben?«

»Na, das Ei natürlich!«, antwortet das Huhn.

»Wobei Du zu Beginn die Frage klären musst, was zuerst da war. Das Huhn oder das Ei?«

Ich verdrehe die Augen.

»Na gut, dann schreibe über unser tolles Hühnermobil«, ermuntert mich das Huhn weiter. »Das ist eine total innovative Haltungsform, weil der Stall jede Woche versetzt werden kann. Dadurch können wir immer frisches Kleegras futtern und verteilen gleichzeitig den Dung auf der Ackerfläche. Das ist für unsere Gesundheit, die Hygiene und natürlich für die Ei-Qualität super. Und wir werden noch mit Ausputzgetreide gefüttert. Da kannst Du gleich beschreiben, was das eigentlich ist.«

»Und was ist das?«, frage ich.

»Bevor das Getreide dem Bäcker geliefert wird, wird es gereinigt, dabei werden Beikrautsamen, zu kleine Getreidesamen und die zerbrochenen Körner herausgereinigt. All das nennt man dann Ausputzgetreide«, erklärt das Huhn.

»Und nächste Woche seid Ihr sowieso mit Eier sammeln dran, dann kannst Du das gleich beschreiben.«

Sonntag

Es klopft an unserer Tür. Noch bevor wir richtig wach sind, stürzt auch schon aufgeregt das Huhn herein.

»Heute zeige ich Euch den Friedhof.« Begeistert klatscht es sich in die Flügel. Ich setze mich auf und stoße mir wieder einmal den Kopf. Ein kurzer Blick auf den I-Pod verrät mir, dass es noch verdammt früh ist.

»Sag mal weißt Du, dass es 8 Uhr ist?«

»Ja«, sagt das Huhn beschämt. »Ich dachte, weil Wochenende ist, lasse ich Euch mal ausschlafen.«

Ok, mit diesem Huhn zu diskutieren hat einfach keinen Zweck. Ich ziehe mich an, während das Huhn von einem Fuß auf den anderen hüpft. Langsam realisiere ich die Ankündigung vom Huhn.

»Was denn eigentlich für einen Friedhof?«, frage ich. „Haben sich hier schon so viele totgeackert?"

Das Huhn legt verschwörerisch seinen Flügel an den Schnabel und flüstert: »Da werden die ganzen nichtsnutzigen Praktikanten verscharrt und diejenigen, die sich am Fenchelauflauf den Magen

33

verdorben haben auch.«

Es bedeutet mir mit einem Kopfnicken, ihm zu folgen.

Draußen liegen noch dünne Nebelschwaden über den Feldern und der Hof liegt still da. In der Ferne löst sich der Schrei eines Bussards aus dem Dunkel des Waldes und ein letzter Ruf des Waldkauzes verabschiedet die dahinsiechende Nacht. Ich folge dem Huhn durch das nasse Gras zu einem entlegenen Winkel des Hofes.

Und dann liegt er vor uns – der Friedhof.

Dicht an dicht stehen hier die Überreste von alten Porsche -Trak-toren. Auf der Motorhaube eines Traktors ist auf der Höhe des Huhns die Abkürzung R.I.P. aufgemalt. Die Farbe kommt mir irgendwie bekannt vor.

»Sag mal, wo ist eigentlich mein Edding?«, frage ich das Huhn.

»Ach meins, deins, das sind doch bürgerliche Kategorien«, antwortet es und dreht sich von mir weg, um in der Garage auf einen leuchtend roten Porsche Diesel Master Traktor zu zeigen. Jetzt kommt es aus dem Schwärmen gar nicht mehr raus. In der Zwischenzeit habe ich nur Augen für die alte Moto Guzzi S1, mein Lieblingsmotorrad in dunkelblau, mit der Aufschrift Le Mans 850. Da kommt Herr Hartkemeyer Senior, der das Wochenende scheinbar auch gerne in Herrgottsfrühe hier verbringt.

210.000 Euro ist der Master Traktor wert, erfahre ich und eintausend Stunden Arbeit stecken in seiner Restaurierung.

Herr Hartkemeyer schwingt sich auf den Traktor, startet den Motor und schließt genießerisch die Augen bei dessen Klang.

»Na, wer möchte ihn mal rausfahren?«

Ich winke dankend ab, das Risiko ist mir dann doch zu groß.

Herr Hartkemeyer ignoriert das Huhn, das sich eifrig meldet und tuckert zum Tor hinaus.

Ansonsten verläuft das Wochenende trist. Wir liegen in unseren zu kleinen Betten, gucken aus der offen stehenden Tür unseres Bauwagens und beobachten, wie noch mehr Hühner daran vorbeistromern.

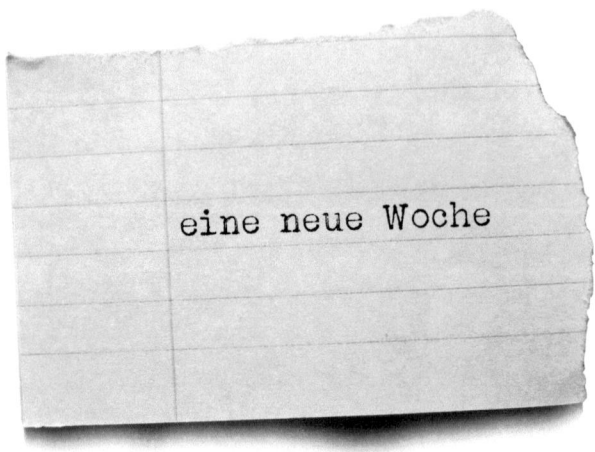

eine neue Woche

Heute wird Honig geschleudert, doch die Ausbeute ist gering, daher sind alle schlecht gelaunt, weil das Reinigen der großen Schleuder viel Arbeit bedeutet. Nach dem Mittag, wie üblich irgendwas mit Fenchel, werden dann Zwiebeln gejätet und wir bekommen die neue Aufgabe, die Eier einzusammeln. Während ich 160 Eier aus dem Hühnermobil sammle, bin ich umringt von Hühnern, die hier glücklich unter blauem Himmel das frische Kleegras picken. Nur das Huhn findet keine Ruhe und beschwert sich: »Findest Du nicht auch, dass Legebatterien abgeschafft gehören?« Ich zucke mit den Schultern. »So was muss verboten werden! Wir Hühner sind überaus sensible Wesen. So eine Haltung verträgt unser Gemüt einfach nicht.«
Nachdem ich alle Eier vorsichtig eingesammelt habe und in die Abholhalle bringe, wirft das Huhn einen Blick auf unseren Bauwagen. »Findest Du nicht auch, dass Eure Unterkunft ein bisschen wie eine Legebatterie ist?« »Es reicht!«, schreie ich entnervt. »Ich will nichts mehr über Legebatterien hören!«

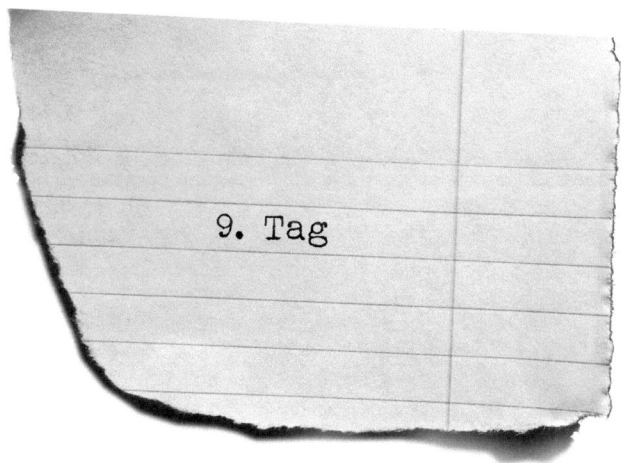

9. Tag

Am Vormittag dürfen wir Frühlingszwiebeln jäten und alles für den Abholtag am Freitag vorbereiten. Das bedeutet:
Mohrrüben: SCHRUBBEN, SCHRUBBEN, SCHRUBBEN.
Sellerie: SCHNEIDEN, SCHNEIDEN, SCHNEIDEN.
Salat: WASCHEN, WASCHEN, WASCHEN usw..
Ich weiß nicht, wie viele Kisten wir an diesem Tag füllen, aber es sind sehr viele. Nach einem weiteren Fenchelauflauf zu Mittag kommt der frustrierendste Nachmittag meines Praktikums.
KARTOFFELN PUTZEN!!!!!!!!!!!!!!!!!!!!!.
SCHEIßE!

10. Tag

Zur Entschädigung für gestern dürfen wir heute aussäen.

Ich habe eine Aussaatpalette vor mir und mühe mich ab, immer zwei Körnchen pro Loch einzufüllen. Das Huhn kommt dazu und sagt: »Da müssen mehr Körner rein.«

»Ach ja?«, frage ich.

»Jaaa!«, antwortet das Huhn pikiert.

»Bist Du sicher?«

»Ganz sicher«, antwortet das Huhn.

Ich fülle also mehr Körner pro Loch ein. Ich mache die Palette fertig. Als ich sie unter den Tisch stelle, wundere ich mich, dass das Huhn verschwunden ist. Das ist ungewöhnlich.

Als ich wenig später wieder unter den Tisch gucke, um die zweite Palette abzustellen, sehe ich Spuren, die offenbar dazu gedacht sind, den Raub des Saatguts zu vertuschen. Die Erde ist aufgekratzt und später wieder zugeschoben worden und überall sind kleine Federn zu sehen. Offenbar hat das Huhn versucht, sich in der Drahtwolle neben der Palette zu verstecken und dabei ein paar

Federn gelassen. Bis zum Abend sehe ich das Huhn jedoch nicht wieder. Das hat sich bestimmt mit vollem Bauch schlafen gelegt.

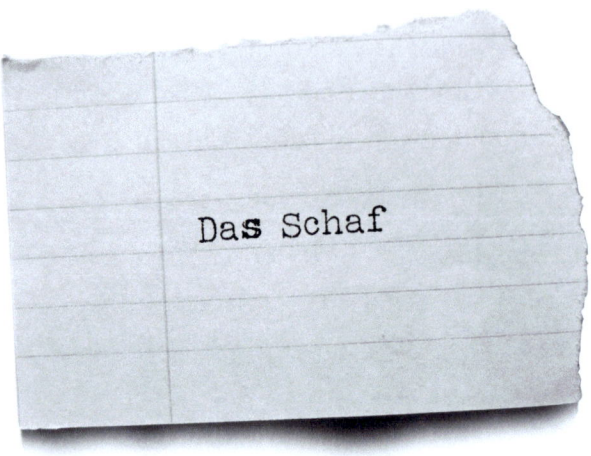

Das Schaf

Heute geht es Disteln ziehen und Ampfer stechen. Gegen Mittag hören wir ein Blöken von der anderen Weide. Ein Schaf hat sich im Zaun verstrickt. Ich zücke mein Messer und versuche es vorsichtig zu befreien. Als ich mich um die Hinterläufe kümmere, ist das Schaf vorne schon wieder eingestrickt. Augenblicklich habe ich das Huhn im Verdacht. Ich tue so, als würde ich das Schaf weiterhin befreien. Da sehe ich, wie das Huhn sich anschleicht. Ich packe es und wickele es in den Zaun.

»Freiheit dem Saatgut!«, rufe ich und boxe dem Huhn leicht in den Bauch. »Du Tierquäler«, ruft das Huhn. Tatsächlich spuckt es noch einige Körner wieder aus. »Rache ist süß«, sage ich, befreie das Schaf und lasse das Huhn zappeln.

Dann heißt es den Rest des Tages wieder jäten, jäten, jäten.

12. Tag

Auch heute bestimmt das Jäten unseren Tag. Bastie kommt und sagt, wir sollen den Müll nach vorne bringen. Da es sich um eine 500m lange Auffahrt handelt, dürfen wir mit einem älteren Porschetraktor fahren. Das ist eine gelungene Abwechslung. Und einfach noch dazu. Ansonsten wird wieder gejätet und der Tag verläuft sehr trist. Am Abend bin ich über die Maßen erschöpft und mir tun alle Glieder weh. Ich gehe ohne Abendessen zu Bett.

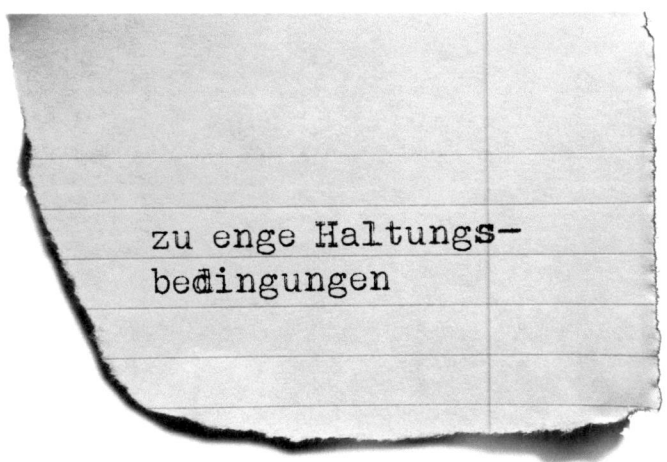

zu enge Haltungs-
bedingungen

Ich erwache vollkommen verschwitzt und fühle mich sehr unwohl. Das Huhn steckt seinen Kopf zur Tür herein und wirft einen Kennerblick auf die Schweißtropfen an meiner Stirn.

»Zu enge Haltungsbedingungen«, fachsimpelt es. »Jetzt werden alle krank.«

Und so kommt es dann auch. Nachdem ich mit Durchfall und fieberndem Schlaf den Tag verbringe, geht es Sammy am Nachmittag ebenfalls schlecht. Bastie versorgt uns mit Tee und Globuli. Ich dämmer vor mich hin.

Krank

14. Tag
Ich bin krank.

15. Tag
Heute geht es mir noch schlechter. Auch Sammy klagt und will nach Hause. Nach einigem Hin- und Her werden wir tatsächlich abgeholt.

16. Tag
Ich dämmere durch den Tag. Unsere Hausärztin bescheinigt mir eine schwere Virusinfektion und verschreibt mir Schonkost.

17. Tag
Der Tag vergeht mit Schonkost und viel Schlaf.

Überraschung!

Ich raffe mich auf und beginne meine Taschen auszupacken. Als ich den Reißverschluss vom Rucksack aufziehe höre ich das Huhn sagen: »Na endlich! Das wird aber auch Zeit.«

Es steigt aus meinem Rucksack und streicht sich die zerzausten Federn glatt. »So wohnst Du also.« stellt es fest.

Es schaut sich neugierig um, entdeckt meinen Süßigkeitsvorrat und drückt auf meine Musikanlage während es schmatzend meine Schokolade verdrückt. Aus den Boxen hämmert Heavy Metal. Erschrocken drückt das Huhn auf Stopp.

»Hast Du keine Klassik?«, fragt es. »Klassische Musik besitzt besonders starke Heilkraft. Außerdem steigert es die Konzentration, die Kreativität und Tatkraft und beeinflusst das Immunsystem positiv. Bei Heavy Metal gehen sogar Pflanzen ein, wenn sie dauernd damit beschallt werden.«

Ich zeige stolz auf meine Orchideensammlung die auf meiner Fensterbank in voller Blüte steht. Das Huhn geht nicht weiter darauf ein und guckt geflissentlich über die Blütenpracht hinweg.

»Und was machen wir jetzt?«, fragt es.

»Ich weiß ja nicht was Du machst«, sag ich, »aber ich werde mal anfangen mein Landbau Tagebuch zu überarbeiten.«

»Oh, fein. Komme ich da auch drin vor?«

Schon steckt es seinen Kopf in meine Aufzeichnungen.

»Du musst noch einen Arbeitsvorgang ganz genau beschreiben. Was nimmst Du?«, fragt das Huhn.

»Ich denke mal jäten. Das habe ich jedenfalls am häufigsten gemacht. Aber da gibt es natürlich nicht viel zu beschreiben.«

»Was?!«, das Huhn plustert sich auf.

»Jäten ist nicht gleich jäten und außerdem ist das eine überaus sinnvolle und wichtige Aufgabe. Du kannst das Schuffeln beschreiben, das kennen die meisten doch gar nicht.«

Ohne meinen Entschluss abzuwarten, verschränkt es die Flügel und beginnt: »Die Schuffel ist ein Gartenwerkzeug zum Unkrautjäten in Beeten und auf Wegen. Das flache Hackenblatt und der Stiel bilden einen Winkel von 150 Grad. Der Stiel hat eine optimale Länge, wenn er bei im Gerätewinkel aufgestellter Hacke bis zur Brust des Bedieners reicht.«

»Dann war die für mich ja viel zu kurz«, werfe ich ein.

»Unterbrich mich nicht und schreib mit«, sagt das Huhn schroff. »Die Schuffel ist eine Sonderform der Hacke, welche nicht mit den typischen hackenden Bewegungen gebraucht wird, sondern durch leichten Druck während des horizontalen Hin- und Her Bewegens auf dem Boden. Durch das ziehende und schiebende Hacken wird die oberste Bodenschicht gelockert, was aufgrund von Unterbrechung der Kapillaren im Boden die Verdunstung der Bodenfeuchtigkeit stark reduziert und den Garezustand des Bodens erhält. Weiter werden Unkräuter unterhalb des Vegetationspunktes von den Wurzeln abgeschnitten oder ihr Stand im Boden unterhalb der Wurzeln so gelockert, dass sie entweder verdorren oder leicht aufgesammelt werden können. Die Schuffel ist auch im landwirtschaftlichen Hackfruchtanbau ein wichtiges Handwerkzeug, wenn keine Herbizide zur Unkrautbekämpfung eingesetzt werden sollen, damit auch zwischen den Pflanzen einer Reihe gearbeitet werden kann«

»Ok«, sage ich, »aber was ist denn bitte der Garezustand des Bodens?«

»Als Bodengare wird in der Landwirtschaft der Idealzustand eines fruchtbaren Bodens bezeichnet. Ein garer Boden ist krümelig, humos, gut durchlüftet, ausreichend feucht und leicht durchwurzelbar und verfügt über jede Menge Bodenleben, insbesondere leckere, fette Regenwürmer.« Bei dieser Ausführung leckt sich das Huhn den Schnabel. »Du siehst, Du hast maßgeblich zur Bodenfruchtbarkeit während Deines Praktikums beigetragen.«

»Ja«, sage ich. »Aber hier steht auch, dass ich beschreiben soll, worauf ich besonders achtgeben musste.«

»Na, zum Beispiel muss man darauf achten, die feinen Wurzeln der Pflanzen die bleiben sollen, nicht zu beschädigen, oder sie gar ganz rauszureißen, wie Du es beim Basilikum getan hast«, sagt das Huhn. Es weicht geschickt aus, als ich ihm einen Hieb in die Seite verpassen will.

Ich denke über die Ausführungen des Huhns nach und beschließe die Aufgabe anders zu erledigen. Ich nehme mir ein neues Blatt und schreibe:

Arbeitsvorgang

Jäten, jäten,…

oder doch lieber so:

JÄTEN!

Danach fühle ich mich völlig erschöpft und beschließe, mich erst einmal wieder hinzulegen. Ich wache an diesem Tag nur noch einmal kurz auf, um festzustellen, dass die Sonne bereits untergegangen ist. Leise klassische Musik dringt aus meinen Boxen. Ich wundere mich, schlafe aber gleich wieder ein.

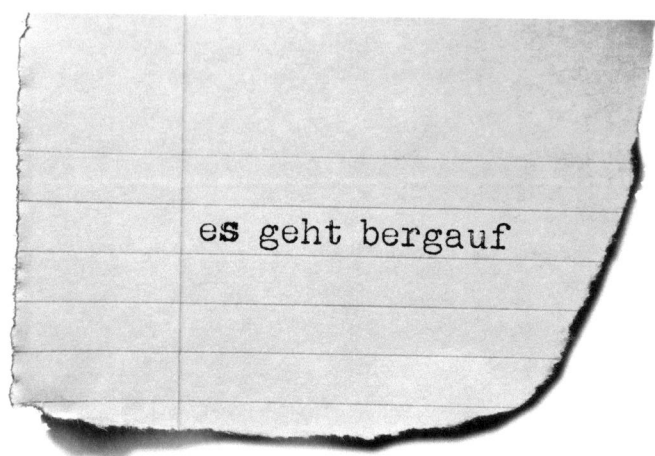

es geht bergauf

»Guten Morgen«, singt das Huhn während es seine Eurythmie Übungen auf meinem Sofa macht. Ich erkenne, dass das Huhn meinen Kleiderschrank geplündert hat, um sich aus den Klamotten ein Nest zu bauen. »Gar nicht so einfach bei Dir irgendwas zu finden, das nicht schwarz ist.«, sagt es. Und tatsächlich das Nest besteht aus den wenigen hellen Kleidungsstücken, die ich besitze. »Es vergeht uns die Seele, wenn das grausige Schwarz in uns ist«, zitiert daraufhin das Huhn Rudolf Steiner.

Ich gehe zur Musikanlage, mache Nirwana an, drehe die Lautstärke voll auf und lege mich auf mein Bett und versuche noch ein wenig zu schlafen. »Hey«, sagt das Huhn, während es die Musik leiser dreht. »Du hast da auch noch Matheaufgaben. Arbeitszeit berechnen, Stundenlohn berechnen…«

Ich werfe mit meinem Kissen nach dem Huhn.

Unwillkürlich denke ich darüber nach, wie ich meine Eltern überreden kann, nochmal mit mir die 300km zum Hof zu fahren.

Dieses Huhn kann unmöglich bei mir bleiben.

20. Tag

Endlich geht es mir besser. Das Huhn führt diese schnelle Genesung ausnahmslos auf seine klassische Musiktherapie zurück, der es mich immer unterzieht, sobald ich eingeschlafen bin. Fest steht jedenfalls, dass meine Eltern mich am Sonntag nochmal zum Hof fahren. Dass ich noch dringend schöne Fotos für meinen Praktikumsbericht brauche, finden sie sofort einleuchtend. Außerdem interessiert sie das Konzept des Hofes.

Ich nehme mir vor, heute meine Aufzeichnungen über das Landbaupraktikum zu beenden. Nach etlichen Stunden, in denen das Huhn immer wieder Ergänzungen und Änderungen an meinen Texten vornimmt, klappe ich entnervt mein Heft zu.
»Ich finde, es ist doch ganz passabel geworden«, sagt das Huhn.

51

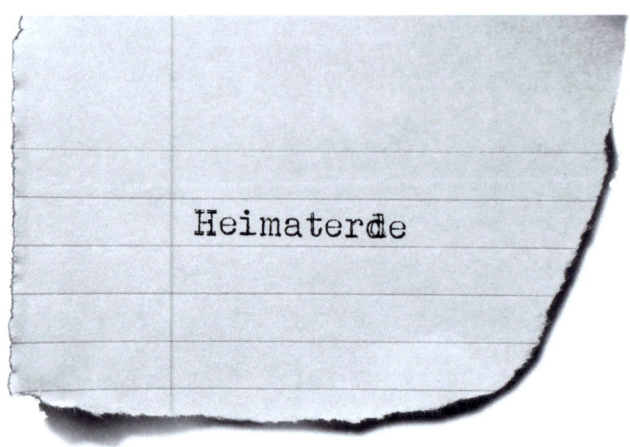

Es ist soweit. Nach vier Stunden Fahrt über eine verstopfte Autobahn erreichen wir endlich den CSA Hof Pente. Das Huhn ist fest davon überzeugt, dass es dem Hof nur einen Besuch abstattet und danach wieder mit mir nach Hause kommt. Fieberhaft denke ich darüber nach, wie ich es loswerden kann. Aber zuerst einmal lassen sich meine Eltern von dem Huhn und mir über den Hof führen und ich mache die benötigten Fotos für meinen Bericht. Während des Rundgangs nimmt das Huhn herzzerreißenden Abschied. Jeder einzelne Traktor bekommt einen liebevollen Flügelschlag über die Motorhaube. Der

Oloith wird ein letztes Mal sanft angestupst. Ich muss mehrere Fotos vom Präparateturm machen und selbst der Kartoffel Rüttelmaschine sagt das Huhn Tschüss.

Als wir nach einigen Stunden Aufenthalt los wollen, habe ich das Huhn schon seit geraumer Zeit nicht mehr gesehen. Ich wittere die Chance es zurückzulassen und dränge meine Eltern zu einem schnellen Aufbruch. Sicher ist das Huhn beim Hühnermobil und verabschiedet sich von seinen Artgenossen. Bei 260 Hühnern kann das schon mal dauern.

Als das Hofschild im Rückspiegel nicht mehr zu sehen ist, lehne ich mich entspannt im Sitz zurück und genieße die Ruhe.

Als wir nach knapp einer Stunde Fahrt an einem riesigen Schweinemastbetrieb vorbeikommen und ich die großen Betongebäude ohne Fenster sehe, denke ich darüber nach, was das Huhn wohl dazu sagen würde...

Mist, ertappt!
Ich werde doch wohl nicht sentimental. Nein, ich bin sicher, so ist es für alle das Beste…

Es dämmert bereits, als wir Zuhause ankommen. Irgendwie ist meine Stimmung nun doch noch auf einen Tiefpunkt gesackt. Aber ich raffe mich auf und beschließe, mich darüber zu freuen, dass ich mein Zimmer wieder für mich alleine habe. Ich muss keine klassische Musik mehr hören und meine helle Kleidung könnte ich, wenn ich denn wollte, auch mal wieder anziehen.

Gedankenverloren öffne ich die Kofferraumklappe und da liegt es, friedlich schlummernd, in dem einen Flügel ein Tütchen mit Erde, im anderen ein Kuhhorn mit Präparaten gefüllt –

mein Huhn.

Das Huhn

Gelegt und aufgewachsen in einer Legebatterie, ge-
lingt es dem Huhn in jungen Jahren dem Sicherheits-
trakt des Aufzuchtbetriebes zu entkommen. Seine
traumatischen Kindheitserfahrungen verarbeitet es
in seiner Autobiographie: Chicken survivor.
Nach einer entbehrungsreichen Flucht findet es
Zuflucht auf dem CSA Hof Pente.
Von revolutionären Gedanken getrieben, beschäf-
tigt sich da Huhn fortwährend mit der Befreiung
des Federviehs und setzt sich für artgerechte
Arbeitsbedingungen aller Tiere ein.
Darüber hinaus hat es der Ernsthaftigkeit des
Lebens abgeschworen und findet im Alltäglichen
die kleinen Glücksmomente, getreu dem Motto:
Wer scharrt, findet den Wurm.

Nikolai Warnke

Jahrgang ´99 und Schüler der Rudolf Steiner
Schule Wandsbek. Im Rahmen des Landbau-
praktikums, lernt er Gerda kennen. Das Huhn
überschüttet ihn mit seinen philosophischen
Ansichten und spielt ihm einen Streich nach dem
Anderen.

Er ist der Meinung: Wer Fleisch essen will, sollte
mindestens einmal in seinem Leben Nutztiere
gehalten und selber geschlachtet haben. Er ist
davon überzeugt, dass dies die nachhaltigste
Methode wäre, den Fleischkonsum drastisch zu
reduzieren und der Produktion von Lebensmit-
teln wieder die Wertschätzung zukommen zu
lassen, die sie verdient.

Seine Freizeit verbringt er mit koreanischem
Schwertkampf (Haidong Gumdo), intuitivem
Bogenschießen, Miniaturenbemalung (War-
hammer) und dem intensiven konsumieren von
Hörbüchern und Heavy Metal Musik.

Platz für Revolutionäre**s**: